D1135430

TENUTA CASTELLO
SEDE E STABILIMENTO IN DESANA (VC)

RISO
SUPERFINO
ARBORIO

INGREDIENTI: RISO ARBORIO GARANTITO 100%

Produzione limitata

PESO NETTO / NET WEIGHT
POIDS NET / NETTO GEWICHT   1 kg ℮

DA CONSUMARSI PREFERIBILMENTE ENTRO IL (vedi retro etichetta)

TENUTA CASTELLO
SEDE E STABILIMENTO IN DESANA (VC)

RISO
SUPERFINO
CARNAROLI

INGREDIENTI: RISO CARNAROLI GARANTITO 100%

MONDATO A MANO
SENZA USO DI DISERBANTI

Produzione limitata

PESO NETTO / NET WEIGHT
POIDS NET / NETTO GEWICHT   1 kg ℮

DA CONSUMARSI PREFERIBILMENTE ENTRO IL (vedi retro etichetta)

C'est en Italie du Nord, au Piémont, en Lombardie et en Vénétie que l'on mange le meilleur risotto. Pourquoi ? La réponse est simple : c'est dans ces régions que l'on cultive le riz à risotto.

L'Italie est le premier pays producteur de riz en Europe : environ 230 000 hectares de rizières en Italie du Nord, dans la plaine du Pô, surtout dans le Piémont et la Lombardie. La presque totalité de cette culture est dédiée à la qualité « japonica », la seule qui convient au risotto.

Les premières rizières datent du milieu du xve siècle, date à laquelle les réformes agraires furent introduites par les Sforza pour mettre à profit les fréquentes inondations du fleuve Pô et cultiver le riz.

LAURA ZAVAN

RISOTTO !

PHOTOGRAPHIES
DE MARIE-PIERRE MOREL

LES PETITS PLATS
MARABOUT
ORIGINAUX & AUTHENTIQUES
DEPUIS L'AN 2000

AU MENU DE LAURA

RISO
SUPERFINO
ARBORIO

INGREDIENTI: RISO ARBORIO GARANTITO 100%

Produzione limitata

PESO NETTO / NET WEIGHT
POIDS NET / NETTO GEWICHT   **1 kg** e

DA CONSUMARSI PREFERIBILMENTE ENTRO IL (vedi retro etichetta)

RISO SEMIFINO
**VIALONE
NANO**

INGREDIENTI: RISO VIALONE NANO GARANTITO 100%

Produzione limitata

PESO NETTO / NET WEIGHT   **1 kg** e
POIDS NET / NETTO GEWICHT

TENUTA CASTELLO

RISO
SUPERFINO
CARNAROLI

TENUTA CASTELLO

LES CONSEILS DE LAURA

LES INDISPENSABLES

UN BON RIZ À RISOTTO
La qualité Carnaroli est la rolls des riz à risotto : elle tient bien la cuisson et ses grains restent al dente.

FAIRE LE MARCHÉ
Un bon risotto se cuisine surtout avec les légumes et les produits de saison.

UN BON BOUILLON
Sinon, choisir des bouillons cubes biologiques.

DU PARMESAN
Acheter le parmesan en morceau de 200 g minimum. Il se conserve très bien au réfrigérateur enveloppé dans du film alimentaire. On l'utilisera aussi pour les pâtes, les gratins, etc.

DES PRODUITS DU PLACARD
Pour pouvoir improviser un risotto à tout moment (cèpes séchés, safran, purée de truffe, herbes aromatiques, fruits secs et bien sûr, du parmesan).
Voir recettes pages 12 à 19.

COMMENT LE SERVIR ?

En Italie, dans un repas traditionnel, le risotto est un « primo piatto » : plat servi après l'« antipasto » (hors-d'œuvre) et avant le « secondo piatto » (plat de résistance). On compte généralement 50 à 70 g de riz par personne, ce qui correspond à une bonne poignée. Mais on peut également servir le risotto en plat unique ; dans ce cas, calculer les quantités de riz en fonction de votre appétit !

QUEL RIZ CHOISIR ?

Les riz à risotto sont riches en amidon. Ainsi, les grains se lient bien entre eux. Ils absorbent les liquides mais ils restent fermes sous la dent. Le Carnaroli, est le meilleur des riz à risotto.
cuisson : entre 18 et 20 minutes
tenue à la cuisson : +++++
Le Vialone Nano est la variété la plus cultivée et consommée en Vénétie. On le sert « all'onda », c'est-à-dire très fluide, formant comme une vague à la surface de l'assiette quand on l'incline.
cuisson : entre 15 et 16 minutes
tenue à la cuisson : ++++
L'Arborio est la variété la plus connue hors de l'Italie.
cuisson : entre 15 et 16 minutes
tenue à la cuisson : ++

LES BOUILLONS

BOUILLON DE LÉGUMES

Dans une grande casserole, porter à ébullition 2,5 litres d'eau avec 2 oignons, 2 carottes, 2 branches de céleri et 2 poireaux. Saler et laisser cuire 40 minutes à feu moyen. Filtrer le bouillon. On peut ajouter à cette base des cosses de petits pois, des queues dures d'asperges…

BOUILLON DE VOLAILLE

À la base du bouillon de légumes, ajouter une poule (ou des ailes et des cuisses). Recouvrir avec 2,5 litres d'eau, écumer à la première ébullition et laisser frémir au moins 1 heure 30. Filtrer et laisser refroidir pour dégraisser.

BOUILLON DE BŒUF

À la base du bouillon de légumes, ajouter 500 g de plat de côtes de bœuf et un os. Recouvrir avec 2,5 litres d'eau. Écumer puis réduire le feu. Laisser frémir 2 heures à feu très doux. Saler à la fin. Filtrer et dégraisser. Penser à congeler le bouillon du pot-au-feu du dimanche s'il en reste, il convient parfaitement pour un risotto !

FUMET DE POISSON

Dans une casserole, faire revenir 5 cl d'huile d'olive avec 2 oignons et 2 poireaux émincés pendant 5 minutes. Ajouter 500 g de parures de poissons rincées, 1 bouquet garni et quelques grains de poivre blanc. Mouiller avec 2,5 litres d'eau, porter à ébullition, écumer puis faire cuire à feu moyen pendant 30 minutes. Filtrer.

FUMET DE CRUSTACÉS

Dans une casserole, faire revenir 5 cl d'huile d'olive avec 1 oignon, 1 carotte et 1 branche de céleri émincés pendant 5 minutes. Ajouter les têtes et les carapaces des crustacés rincées et 1 bouquet garni. Mouiller avec 10 cl de vin blanc, laisser évaporer puis ajouter, 2,5 litres d'eau, porter à ébullition, écumer puis faire cuire à feu moyen pendant 30 minutes. Filtrer.

BOUILLON CUBE

Toujours garder dans le réfrigérateur des bouillons en cube ou en poudre à base de légumes, de bœuf ou de volaille. Préférer les biologiques et ceux sans glutamate ni exhausteur de goûts (en vente dans les magasins et les rayons diététiques).

LA RECETTE DE BASE

Pour 6 à 8 personnes

450 g de riz à risotto
(Carnaroli, Arborio ou
Vialone Nano)
1,5 l de bouillon de viande
ou de légumes (page 6)
1 oignon (100 g)
2 c. à s. d'huile d'olive
50 g de beurre froid
10 cl de vin blanc sec
(ou bouillon)
60 g de parmesan râpé
Sel

Variante : Avec cette base, on peut faire un risotto au prosecco (vin blanc pétillant) ou au champagne. Ajouter le vin (une bouteille) petit à petit, en l'alternant avec le bouillon tout au long de la cuisson.

Pratique : On peut préparer la 1re étape du risotto à l'avance – c'est-à-dire faire revenir l'oignon et le riz, verser le vin, laisser évaporer, saler et stopper la cuisson –, surtout quand on a des invités !

Express : Si on est pressé, préparer la première étape comme ci-dessus, puis verser 3 fois le poids du riz de bouillon en une seule fois et faire cuire à couvert sur feu doux 15 minutes environ. Le résultat n'est pas mal, mais différent du vrai risotto…

ÉTAPE 1

Garder le bouillon frémissant sur le feu.
Peler et émincer finement l'oignon.
Dans une casserole à fond épais, faire chauffer l'huile
d'olive, ajouter l'oignon et laisser cuire doucement
5 minutes jusqu'à ce qu'il soit tendre, sans le colorer.
Verser le riz (sans le laver) et le mélanger 2
minutes pour qu'il s'imprègne du mélange d'oignon
et d'huile. Il va devenir translucide et le riz
commencera à accrocher au fond de la casserole
mais faire attention qu'il ne colore pas.

ÉTAPE 2

Mouiller avec le vin et laisser évaporer complètement
en remuant. Saler. Verser une louche de bouillon.
Poursuivre la cuisson (environ 15 minutes, selon la
variété du riz) à feu doux et ajouter du bouillon au fur
et à mesure qu'il est absorbé, en remuant régulièrement.
Cette méthode de cuisson débarrasse la graine de riz de
la couche d'amidon qui se forme autour de son enveloppe
et donne au risotto cette consistance onctueuse.

ÉTAPE 3

En cours de cuisson on pourra ajouter des ingrédients
supplémentaires (légumes, viandes, crustacés, etc.).
Vérifier la cuisson et l'assaisonnement. Le risotto
doit rester plutôt fluide et ses graines bien fermes.
Ajouter encore un peu de bouillon si nécessaire.

ÉTAPE 4

Éteindre le feu et « mantecare », c'est-à-dire, ajouter le beurre froid en morceaux et le parmigiano reggiano ou le grana padano fraîchement râpé en mélangeant rapidement. Couvrir et laisser reposer 2 minutes : cette opération rend le risotto encore plus crémeux. Servir chaud sans attendre, sinon le riz continue à cuire dans la casserole et la texture ne sera plus la même !

RISOTTO AU
SAFRAN

LES COURSES SPÉCIALES : SAFRAN
LE KIT DE BASE : OIGNON/VIN BLANC SEC/SEL/BOUILLON VIANDE
DE BŒUF/HUILE D'OLIVE/BEURRE/PARMESAN/RIZ CARNAROLI
OU ARBORIO

1 - Faire revenir à feu doux 1 oignon haché menu pendant
5 minutes avec 2 cuillerées à soupe d'huile d'olive.
2 - Ajouter 450 g de riz à risotto et mélanger 2 minutes.
3 - Mouiller avec 10 cl de vin blanc sec et laisser évaporer. Saler.
4 - Poursuivre la cuisson en ajoutant du bouillon chaud au fur et à mesure.
5 - Après 12 minutes de cuisson, ajouter 3 pincées
de safran dilué dans un peu de bouillon.
6 - À la fin de la cuisson, hors du feu, ajouter 50 g de beurre et 60 g
de parmesan fraîchement râpé. Mélanger bien et servir chaud.

PRÉPARATION/10 MINUTES   POUR 6 PERSONNES
CUISSON/25 MINUTES

RISOTTO
CÈPES SÉCHÉS
& PERSIL PLAT

LES COURSES SPÉCIALES : CÈPES SÉCHÉS/PERSIL PLAT
LE KIT DE BASE : OIGNON/VIN BLANC SEC/SEL/BOUILLON DE LÉGUMES
OU DE VIANDE/HUILE D'OLIVE/BEURRE/PARMESAN/RIZ CARNAROLI
OU ARBORIO

1 - Faire tremper 50 g de cèpes séchés dans un bol d'eau tiède
pendant 20 minutes. Les égoutter et les couper en morceaux.
2 - Faire revenir, à feu doux, 1 oignon haché menu avec les cèpes
pendant 5 minutes dans 2 cuillerées à soupe d'huile d'olive. Saler.
3 - Ajouter 450 g de riz à risotto, mélanger pendant 2 minutes.
4 - Verser 10 cl de vin blanc sec, laisser évaporer. Saler.
5 - Poursuivre la cuisson en ajoutant du bouillon chaud au fur et à mesure.
6 - À la fin de la cuisson, hors du feu, ajouter 1 petit bouquet
de persil plat haché, 50 g de beurre et 60 g de parmesan
fraîchement râpé. Mélanger bien et servir chaud.

PRÉPARATION/10 MINUTES   POUR 6 PERSONNES
CUISSON/25 MINUTES

RISOTTO PURÉE DE
TRUFFE
BLANCHE
& PIGNONS DE PIN

LES COURSES SPÉCIALES : PURÉE DE TRUFFE BLANCHE/PIGNONS DE PIN
LE KIT DE BASE : OIGNON/VIN BLANC SEC/SEL/BOUILLON DE VIANDE DE
BŒUF/HUILE D'OLIVE/BEURRE/PARMESAN/RIZ CARNAROLI OU ARBORIO

1 - Faire dorer 4 cuillerées à soupe de pignons de pin à sec, en remuant.
2 - Faire revenir à feu doux 1 oignon haché menu pendant
5 minutes avec 2 cuillerées à soupe d'huile d'olive.
3 - Ajouter 450 g de riz à risotto, mélanger 2 minutes.
4 - Mouiller avec 10 cl de vin blanc sec et laisser évaporer. Saler.
5 - Poursuivre la cuisson en ajoutant du bouillon chaud au fur et à mesure.
6 - À la fin de la cuisson, hors du feu, ajouter 25 g de purée de truffe
blanche (en tube), 50 g de beurre et 60 g de parmesan fraîchement râpé.
Mélanger bien et servir chaud avec les pignons de pin parsemés dessus.

PRÉPARATION/5 MINUTES   POUR 6 PERSONNES
CUISSON/25 MINUTES

KIT AU BALSAMICO

RISOTTO
BALSAMICO
& PARMESAN

LES COURSES SPÉCIALES : VINAIGRE BALSAMIQUE TRADITIONNEL*
LE KIT DE BASE : OIGNON/VIN BLANC SEC/SEL/BOUILLON DE VIANDE
OU DE LÉGUMES/HUILE D'OLIVE/BEURRE/PARMESAN/RIZ CARNAROLI

1 - Faire revenir à feu doux 1 oignon avec 2 cuillerées à soupe d'huile d'olive.

2 - Ajouter 450 g de riz à risotto, mélanger 2 minutes. Saler.

3 - Poursuivre la cuisson en ajoutant du bouillon chaud au fur et à mesure.

4 - À la fin de la cuisson, hors du feu, verser 4 cuillerées à soupe de vinaigre balsamique traditionnel, 50 g de beurre et 60 g de parmesan fraîchement râpé. Servir avec des copeaux de parmesan et quelques gouttes de vinaigre balsamique traditionnel dessus.

* le vinaigre balsamique traditionnel est vieilli au moins 12 ans. À défaut, réduire du bon vinaigre balsamique jusqu'à obtenir une consistance sirupeuse.

PRÉPARATION/5 MINUTES   POUR 6 PERSONNES
CUISSON/25 MINUTES

RISOTTO
POMME
DE TERRE
ROMARIN & LARD

LES COURSES SPÉCIALES : ROMARIN/LARD DE COLONNATA/
POMMES DE TERRE
LE KIT DE BASE : OIGNON/VIN BLANC SEC/SEL/BOUILLON LÉGUMES/
BEURRE/PARMESAN/RIZ VIALONE NANO

1 - Couper 200 g de lard de Colonnata ou lard fermier en fines lamelles
et le faire revenir avec 300 g de pommes de terre farineuses
coupées en petits dés, 1 gros oignon haché menu et
1 branche de romarin pendant 5 minutes à feu doux.
2 - Ajouter 350 g de riz vialone nano et mélanger 2 minutes.
3 - Mouiller avec 10 cl de vin blanc sec et laisser évaporer. Saler peu.
4 - Poursuivre la cuisson en ajoutant du bouillon chaud au fur et à mesure.
5 - À la fin de la cuisson, hors du feu, ajouter 30 g de beurre et 60 g de
parmesan fraîchement râpé. Mélanger bien et servir très fluide « all'onda ».

PRÉPARATION/15 MINUTES   POUR 6 PERSONNES
CUISSON/25 MINUTES

RISOTTO
SCAMORZA
FUMÉE
ROQUETTE & NOIX

LES COURSES SPÉCIALES : SCAMORZA FUMÉE/ ROQUETTE/CERNEAUX NOIX
LE KIT DE BASE : OIGNON/VIN BLANC SEC/SEL/BOUILLON VIANDE/HUILE D'OLIVE/BEURRE/PARMESAN/RIZ CARNAROLI OU ARBORIO

1 - Faire revenir à feu doux un oignon haché menu pendant
5 minutes avec 2 cuillerées à soupe d'huile d'olive.
2 - Ajouter 450 g de riz à risotto, mélanger 2 minutes.
3 - Verser 10 cl de vin blanc sec, laisser évaporer. Saler.
4 - Poursuivre la cuisson en ajoutant du bouillon chaud au fur et à mesure.
5 - À la fin de la cuisson, hors du feu, ajouter 150 g de scamorza
fumée (fromage) hachée, 20 cerneaux de noix en morceaux,
30 g de roquette équeutée et hachée, 30 g de beurre et 40 g de
parmesan fraîchement râpé. Mélanger bien et servir chaud.

PRÉPARATION/10 MINUTES   POUR 6 PERSONNES
CUISSON/25 MINUTES

RISOTTO INFUSION
GINGEMBRE
& GRENADE

LES COURSES SPÉCIALES : INFUSION PARFUMÉE AUX ÉPICES (TYPE RIVIÈRES POURPRES CHEZ PARFUM DE TABLE)/ GINGEMBRE FRAIS/GRENADE
LE KIT DE BASE : OIGNON/EAU/SEL/HUILE D'OLIVE/BEURRE/PARMESAN / RIZ CARNAROLI OU ARBORIO

1 - Porter à ébullition 1,5 litre d'eau. Faire infuser 8 cuillerées à soupe d'infusion parfumée aux épices pendant 6 minutes. Saler avec 15 g de gros sel et laisser sur feu doux.
2 - Faire revenir à feu doux 1 oignon pendant 5 minutes avec 2 cuillerées à soupe d'huile d'olive. Ajouter 450 g de riz à risotto, mélanger 2 minutes. Saler.
3 - Verser 2 louches d'infusion chaude, ajouter 1 cuillerée à café de gingembre râpé. Poursuivre la cuisson en ajoutant l'infusion chaude au fur et à mesure.
5 - Hors du feu, ajouter 40 g de beurre et 40 g de parmesan fraîchement râpé. Mélanger bien et servir chaud parsemé de grenade.

PRÉPARATION/10 MINUTES
CUISSON/25 MINUTES

POUR 6 PERSONNES

RISOTTO
HERBES
FRAÎCHES
& CREVETTES

LES COURSES SPÉCIALES : HERBES FRAÎCHES : PERSIL, CERFEUIL, ESTRAGON, BASILIC, CORIANDRE, MENTHE/CREVETTES CUITES
LE KIT DE BASE : OIGNON/VIN BLANC SEC/SEL/BOUILLON DE LÉGUMES/ HUILE D'OLIVE/BEURRE/PARMESAN/RIZ CARNAROLI OU ARBORIO

1 - Faire revenir à feu doux un oignon pendant 5 minutes avec 2 cuillerées à soupe d'huile d'olive.

2 - Ajouter 450 g de riz à risotto, mélanger 2 minutes. Verser 10 cl de vin blanc sec, laisser évaporer. Saler.

3 - Poursuivre la cuisson en ajoutant du bouillon chaud au fur et à mesure.

4 - À la fin de la cuisson, hors du feu, ajouter des herbes fraîches ciselées et mélangées, 18 à 24 crevettes cuites décortiquées et coupées en morceaux, 40 g de beurre et 20 g de parmesan fraîchement râpé. Mélanger bien et servir chaud.

PRÉPARATION/15 MINUTES
CUISSON/25 MINUTES

POUR 6 PERSONNES

RISOTTO PRIMAVERA

UNE RECETTE AUX PETITS LEGUMES DE PRINTEMPS

LE KIT DE BASE

400 g de riz Vialone Nano

1 oignon

10 cl de vin blanc sec

1,5 l de bouillon de légumes

2 c. à s. d'huile d'olive

50 g de beurre

60 g de parmesan râpé

sel

LA GARNITURE

3 artichauts poivrade

1 botte d'asperges vertes

(350 g)

250 g de courgettes

2 petites carottes nouvelles

250 g de petits pois écossés

100 g de haricots verts

5 branches de persil

4 c. à s. d'huile d'olive

sel

LES LÉGUMES

1 - Couper les artichauts en 8 quartiers, les courgettes en petits dés, les asperges en rondelles (garder les pointes et éliminer 3 cm à la base).

2 - Poêler séparément ces légumes avec l'huile d'olive pendant 2 ou 3 minutes. Saler.

3 - Ébouillanter les pointes d'asperges 2 minutes.

LE RISOTTO

1 - Dans une casserole, faire chauffer 2 cuillerées à soupe d'huile d'olive, ajouter l'oignon finement haché et, laisser cuire doucement pendant 5 minutes.

2 - Verser le riz et avec une cuillère en bois, mélanger constamment, sur feu vif, jusqu'à ce qu'il devienne translucide (1 ou 2 minutes).

3 - Mouiller avec le vin, laisser évaporer en remuant, puis saler.

4 - Verser une louche de bouillon très chaud, incorporer les petits pois, les haricots verts et les carottes coupés en petits dés.

5 - Continuer la cuisson à feu doux en ajoutant le bouillon dès qu'il est absorbé.

6 - Trois minutes avant la fin de la cuisson du riz, ajouter dans la casserole les autres légumes.

7 - Retirer le risotto du feu, ajouter le persil haché, le beurre et le parmesan râpé, mélanger rapidement. Couvrir et attendre 2 minutes, avant de servir « all'onda », c'est-à-dire fluide.

PRÉPARATION/40 MINUTES
CUISSON/40 MINUTES

POUR 6 PERSONNES

RISOTTO AUX ASPERGES VERTES
UNE RECETTE AUSSI AU MASCARPONE

LE KIT DE BASE
450 g de riz Vialone Nano
(de préférence)
1,5 l de bouillon de légumes
10 cl de vin blanc sec
1 oignon
2 c. à s. d'huile d'olive
80 g de parmesan râpé
sel, poivre

LA GARNITURE
1 kg d'asperges vertes
80 g de mascarpone
30 g de beurre

VARIANTE
Ce risotto est aussi
délicieux avec des asperges
blanches : faire cuire
les pointes et les tiges
les plus tendres (coupées
en morceaux de 1 cm) 2 à
3 minutes dans le bouillon,
puis les incorporer
au riz à mi-cuisson.

LES ASPERGES
1 - Couper la partie la plus dure des asperges
qu'on pourra ajouter au bouillon.
2 - Couper les tiges tendres en rondelles et les faire
revenir dans 20 g de beurre, à feu doux, 2 à 3 minutes,
puis saler. Les asperges doivent rester croquantes.
3 - Ébouillanter les pointes, 2 minutes à l'eau salée,
et les faire revenir 1 minute dans une noix de beurre. Réserver.

LE RISOTTO
1 - Dans une casserole à fond épais, faire revenir 5 minutes,
à feu doux, l'oignon finement haché avec l'huile d'olive.
2 - Verser le riz et mélanger à feu vif 2 minutes, sans le colorer.
3 - Mouiller avec le vin, laisser évaporer, saler.
4 - Ajouter au fur et à mesure le bouillon chaud,
en remuant de temps en temps. Au bout de
10 minutes, ajouter les rondelles d'asperges.
5 - Dès que le risotto est cuit, incorporer, hors du feu,
le mascarpone, le parmesan, le poivre et les pointes d'asperges.
6 - Couvrir et laisser reposer 2 minutes avant de servir.

CONSEIL
Pour une recette plus rapide, cuire les rondelles
d'asperges avec l'oignon et ajouter les pointes d'asperges
aux trois quarts de la cuisson du risotto.

PRÉPARATION/30 MINUTES
CUISSON/25 MINUTES

POUR 6 PERSONNES

RISI E BISI (AUX PETITS POIS)
PLAT TRADITIONNEL DE VENISE

LE KIT DE BASE
400 g de riz Vialone Nano
1,5 l de bouillon de viande
(ou de légumes)
2 oignons frais
60 g de beurre
60 g de parmesan râpé
sel, poivre

LA GARNITURE
1 kg de petits pois frais
non écossés
(ou 400 g de petits pois
écossés)
60 g de pancetta (poitrine)
1 c. à s. de persil haché

REMARQUE
Attention, les petits pois
frais les plus fins ont une
cuisson plus rapide :
les incorporer seulement
5 minutes avant la fin
de la cuisson du riz.

LES PETITS POIS
1 - Écosser les petits pois puis les laver.
2 - Faire cuire les cosses dans le bouillon pour
donner plus de goût au risotto.

LA PANCETTA
1 - Dans une casserole à fond épais, faire revenir les oignons
hachés et la poitrine coupée en petits dés avec 20 g de beurre.

LE RISOTTO
1 - Verser le riz et mélanger pendant 2 minutes
pour qu'il s'imprègne bien de l'assaisonnement.
2 - Au bout de quelques minutes, incorporer les petits pois
et ajouter une louche de bouillon.
3 - Mouiller avec le bouillon au fur et à mesure
qu'il est absorbé. Saler et laisser cuire à feu doux,
en remuant. Vérifier l'assaisonnement.
4 - Hors du feu, incorporer le persil, le beurre et le
parmesan. Poivrer. Couvrir 2 minutes avant de servir.
Ce plat est servi « all'onda » : bien fluide.

CONSEIL
On peut passer au moulin à légumes les cosses de petits pois
et les ajouter au bouillon. Le risotto prendra alors de la couleur !

PRÉPARATION/30 MINUTES
CUISSON/45 MINUTES

POUR 6 PERSONNES

RISOTTO ARTICHAUTS VIOLETS

UN CLASSIQUE ITALIEN

LE KIT DE BASE

450 g de riz Vialone Nano

2 échalotes hachées

10 cl de vin blanc sec

1,5 l de bouillon de volaille

2 c. à s. d'huile d'olive

60 g de beurre froid

80 g de parmesan râpé

sel

LA GARNITURE

1 dizaine de petits artichauts violets (poivrades)

le jus de 1 citron

1 c. à s. de persil plat haché

1 gousse d'ail

2 c. à s. d'huile d'olive

sel

LES ARTICHAUTS

1 - Nettoyer les artichauts, couper environ 1,5 cm de leur tête et la queue. Enlever les feuilles les plus dures et le foin à l'intérieur. Mettre les artichauts dans de l'eau citronnée pour qu'ils ne noircissent pas.

2 - Couper les artichauts en fines lamelles, puis les faire revenir à la poêle, avec 2 cuillerées à soupe d'huile d'olive et 1 gousse d'ail. Baisser le feu et les faire cuire pendant 5 minutes : ils doivent être croustillants. Saler.

LE RISOTTO

1 - Dans une casserole à fond épais, faire revenir doucement les échalotes hachées avec 2 cuillerées à soupe d'huile d'olive.

2 - Verser le riz et mélanger sur feu vif 2 minutes, sans le colorer.

3 - Verser le vin blanc, laisser évaporer, puis mouiller avec une louche de bouillon chaud. Saler. Poursuivre la cuisson, à feu moyen, en versant du bouillon au fur et à mesure.

4 - Au bout de 10 minutes, ajouter les artichauts poêlés.

5 - Dès que le riz est cuit, incorporer, hors du feu, le persil haché, le poivre, 60 g de beurre froid et le parmesan. Laisser reposer 2 minutes, à couvert, avant de servir.

PRÉPARATION/15 MINUTES
CUISSON/30 MINUTES

POUR 6 PERSONNES

RISOTTO AUX CHAMPIGNONS
UN CLASSIQUE, UN DES MEILLEURS !

LE KIT DE BASE

400 g de riz Carnaroli

1 gousse d'ail

3 ou 4 échalotes

10 cl de vin blanc sec

1,5 l de bouillon de viande

2 c. à s. d'huile d'olive

60 g de beurre froid

80 g de parmesan râpé

sel

LA GARNITURE

1 kg de champignons frais
(cèpes, girolles, trompettes
de la mort, chanterelles etc.)

2 c. à s. de persil haché

1 gousse d'ail

3 c. à s. d'huile d'olive

30 g de beurre

sel, poivre

VARIANTE

On peut également utiliser
des champignons séchés
ou congelés (les faire cuire
sans les décongeler).

LES CHAMPIGNONS

1 - Nettoyer les champignons, enlever la terre du pied
à l'aide d'un petit couteau. Les laver rapidement en les
plongeant 2 fois dans de l'eau claire, puis les sécher sur un
torchon. Couper les gros champignons en morceaux.

2 - Dans une poêle antiadhésive, faire chauffer 1 cuillerée
à soupe d'huile d'olive et 1 noix de beurre avec 1 gousse d'ail
entière. Ajouter un seul type de champignons à la fois et faire
cuire à feu vif, sans mélanger, jusqu'à ce qu'ils aient rendu toute
l'eau. Saler et poivrer. Remuer, baisser le feu et faire cuire encore
2 à 3 minutes. Répéter l'opération avec les autres champignons.

3 - Mélanger tous les champignons ensemble, ôter
l'ail, ajouter le persil haché et réserver au chaud.

LE RISOTTO

1 - Faire chauffer le bouillon.

2 - Dans une casserole à fond épais, faire revenir les
échalotes et 1 gousse d'ail (sans germe) finement hachés
avec l'huile d'olive pendant 5 minutes à feu doux.

3 - Verser le riz et mélanger à feu vif 2 minutes, sans le colorer.

4 - Mouiller avec le vin, laisser évaporer. Saler. Ajouter au fur et
à mesure le bouillon chaud, en remuant de temps en temps.

5 - Au bout de 10 minutes de cuisson, ajouter les
champignons. Rectifier l'assaisonnement.

6 - Dès que le risotto est cuit (compter 18 à 20 minutes
environ), incorporer, hors du feu, 60 g de beurre, le
parmesan, couvrir et laisser reposer 2 minutes puis servir.

PRÉPARATION/1 HEURE
CUISSON/40 MINUTES

POUR 6 PERSONNES

RISOTTO À LA BETTERAVE

LE KIT DE BASE

450 g de riz Carnaroli
ou Arborio
3 échalotes
10 cl de vin blanc sec
1,5 l de bouillon de légumes
3 c. à s. d'huile d'olive
40 g de beurre froid
40 g de parmesan râpé
sel, poivre

LA GARNITURE

6 betteraves crues,
crapaudine de préférence
(ou 50 cl de jus de betterave)
1 betterave crue moyenne
2 betteraves cuites
moyennes
1 c. à s. d'huile d'olive

REMARQUE

Si on n'a pas de
centrifugeuse, utiliser
du jus de betterave
en bouteille, en vente
dans les magasins de
produits biologiques.

LES BETTERAVES

1 - Éplucher et centrifuger 6 betteraves
crues afin d'obtenir 50 cl de jus.
2 - Éplucher et mixer les betteraves cuites.
3 - Éplucher et couper en fines rondelles 1 betterave crue. Les poêler
rapidement avec 1 cuillerée à soupe d'huile. Saler. Garder au chaud.
4 - Verser le jus de betterave dans une casserole et le faire
réduire de moitié sur feu doux. Garder au chaud

LE RISOTTO

1 - Éplucher et hacher menu les échalotes. Les faire cuire dans
2 cuillerées à soupe d'huile sur feu doux pendant 4 à 5 minutes.
2 - Ajouter ensuite le riz et le mélanger à feu vif
jusqu'à ce qu'il devienne translucide.
3 - Mouiller avec le vin, laisser évaporer puis verser
une louche de bouillon frémissant. Mélanger.
4 - Poursuivre la cuisson à feu moyen en remuant et ajouter
du bouillon au fur et à mesure qu'il est absorbé. Au bout de
10 minutes, ajouter les betteraves mixées (pour donner une texture
plus épaisse) et le jus de betterave réduit, au fur et à mesure.
5 - Quand le risotto est cuit (compter environ 18 minutes),
ajouter, hors du feu, le beurre et le parmesan râpé, mélanger
rapidement. Laisser reposer 2 minutes couvert.
6 - Servir avec quelques rondelles de betterave
poêlées et avec du poivre fraîchement moulu.

PRÉPARATION/30 MINUTES
CUISSON/30 MINUTES

POUR 6 PERSONNES

RISOTTO AUX LÉGUMES ANCIENS

LE KIT DE BASE
400 g de riz Carnaroli
ou Arborio
1 oignon
10 cl de vin blanc sec
1,5 l de bouillon de légumes
ou de viande
2 c. à s. d'huile d'olive
40 g de beurre froid
40 g de parmesan râpé
sel

LA GARNITURE
200 g de cerfeuil tubéreux
200 g de racines de persil
200 g de panais
200 g de betterave jaune
2 c. à s. d'huile d'olive
sel, poivre

LES LÉGUMES
1 - Laver et éplucher les légumes et ajouter
les épluchures dans le bouillon.
2 - Découper ces légumes en rondelles de 3 mm
environ. Garder à côté les extrémités pointues de ces
légumes et quelques rondelles de betterave.
3 - Poêler les légumes en rondelles pendant 3 minutes
avec 2 cuillerées à soupe d'huile. Saler.
4 - Ensuite, faire dorer les autres et réserver
pour la présentation du plat.

LE RISOTTO
1 - Dans une casserole, faire revenir l'oignon haché
5 minutes à feu doux dans l'huile d'olive.
2 - Ajouter le riz et le mélanger à feu vif pendant 2 minutes.
3 - Mouiller avec le vin, laisser évaporer, ajouter
une louche de bouillon frémissant, mélanger bien et
incorporer les légumes racines. en tranches.
4 - Poursuivre la cuisson à feu moyen en remuant régulièrement
et ajouter du bouillon au fur et à mesure qu'il est absorbé.
5 - Lorsque le riz est cuit (compter 15 à 18 minutes environ),
incorporer, hors du feu, le beurre et le parmesan râpé.
Mélanger rapidement. Couvrir et laisser reposer 2 minutes.
Servir le risotto avec les légumes qu'on a gardé de côté.

RISOTTO AUX POTIMARRON

LE KIT DE BASE
300 g de riz Vialone Nano
2 échalotes
10 cl de vin blanc sec
1,5 l de bouillon de volaille
2 c. à s. d'huile d'olive
50 g de beurre froid
80 g de parmesan râpé
sel

LA GARNITURE
500 g de purée
de potimarron
300 g de potimarron
20 g de beurre
2 pincées de muscade
2 pincées de cannelle
en poudre
huile d'olive

LE POTIMARRON
1 - Couper le potimarron en petits dés.
2 - Faire revenir les cubes de potimarron à la poêle 2 minutes
avec un filet d'huile d'olive et deux noix de beurre.

LE RISOTTO
1 - Dans une casserole à fond épais, faire cuire doucement les
2 autres échalotes hachées avec 2 cuillerées à soupe d'huile d'olive.
Verser le riz et le faire revenir sur feu vif 2 minutes, sans le colorer.
2 - Mouiller avec une louche de bouillon chaud, mélanger bien
et saler. Poursuivre la cuisson, à feu moyen, ajouter les dés de
potimarron et le bouillon au fur et à mesure, en remuant souvent.
3 - Au bout de 10 minutes, ajouter la purée de potimarron
et les épices, et continuer à verser du bouillon.
4 - Dès que le riz est cuit (compter 16 minutes environ), rectifier
l'assaisonnement et incorporer, hors du feu, 50 g de beurre
froid et le parmesan. Laisser reposer 2 minutes, à couvert.

NOTE
Choisir un potimarron de 1,2 kg. Pour faire la purée, le couper
en gros morceaux et le cuire à la vapeur jusqu'à ce qu'il soit bien
tendre, environ 15 minutes. Mixer (avec la peau, s'il est bio).

VARIANTE
Hors du feu, ajouter 2 cuillerées à soupe de mostarda
de Cremona mixée et 2 biscuits amaretti mixés.

PRÉPARATION/20 MINUTES
CUISSON/30 MINUTES

POUR 6 PERSONNES

RISOTTO RADICCHIO DE TRÉVISE

LE KIT DE BASE
400 g de riz Vialone Nano
2 échalotes
10 cl de vin rouge
1,5 l de bouillon de viande
ou de légumes
2 c. à s. d'huile d'olive
50 g de beurre froid
80 g de parmesan râpé
sel

LA GARNITURE
800 g de radicchio
de Trévise tardif
(chicorée rouge)
10 cl de vin rouge
2 échalotes
2 c. à s. d'huile d'olive
20 g de beurre
sel, poivre

LE RADICCHIO
1 - Pour préparer le radicchio, couper une partie de la racine, en gardant 1 ou 2 cm, puis l'éplucher. Diviser le radicchio en quatre, dans le sens de la longueur. Laver, sécher et couper en morceaux de 3 cm.
2 - Dans une poêle, faire cuire 2 échalotes finement hachées avec 2 cuillerées à soupe d'huile d'olive et 20 g de beurre pendant 3 minutes à feu doux. Ajouter le radicchio, le faire revenir 1 minute à feu vif.
3 - Mouiller avec la moitié du vin rouge, laisser évaporer, saler, poivrer et faire cuire à feu moyen pendant quelques minutes encore. Il doit rester croquant. Réserver.

LE RISOTTO
1 - Dans une casserole, faire cuire 2 échalotes hachées avec 2 cuillerées à soupe d'huile d'olive pendant 5 minutes.
2 - Verser le riz, le faire revenir à feu vif, 2 minutes environ, jusqu'à ce qu'il devienne nacré.
3 - Mouiller avec le vin restant et laisser évaporer en remuant. Saler. Ajouter une louche de bouillon très chaud et poursuivre la cuisson à feu moyen, en versant du bouillon au fur et à mesure que le riz l'absorbe et en mélangeant souvent.
4 - Au bout de 10 minutes de cuisson, ajouter la sauce de radicchio chaude et mélanger bien.
5 - Dès que le risotto est cuit (compter 16 minutes environ), incorporer, hors du feu, le beurre et le parmesan, couvrir et laisser reposer 2 minutes. Décorer avec des pointes de radicchio crues.

PRÉPARATION/25 MINUTES
CUISSON/30 MINUTES

POUR 6 PERSONNES

RISOTTO FENOUIL ET RICOTTA

UN PLAT INSPIRE D'UNE RECETTE DE CALABRE

LE KIT DE BASE

400 g de riz Vialone Nano

1 oignon

10 cl de vin blanc sec

2 c. à s. d'huile d'olive

40 g de beurre froid

50 g de parmesan râpé

sel

LA GARNITURE

3 fenouils moyens

2 l d'eau

200 g de ricotta

2 c. à s. d'huile d'olive

LES FENOUILS

1 - Laver les fenouils et les couper en quatre.
Garder quelques brins verts pour la présentation.

2 - Porter à ébullition 2 litres d'eau, saler et ajouter
les fenouils (sauf 2 quartiers). Laisser cuire jusqu'à ce
qu'ils soient tendres. Les égoutter, les couper en dés
et garder l'eau sur le feu pour cuire le risotto.

3 - Couper très finement les deux quartiers de fenouil restants,
les faire poêler 2 à 3 minutes dans un filet d'huile. Saler. Ils
doivent rester croquants. Réserver pour la présentation du plat.

LE RISOTTO

1 - Dans une casserole, faire revenir l'oignon haché
pendant 5 minutes à feu doux dans l'huile d'olive.

2 - Ajouter ensuite le riz et mélanger à feu vif pendant 2 minutes.

3 - Mouiller avec le vin, laisser évaporer, puis ajouter une louche
d'eau des fenouils bouillante et le fenouil bouilli, coupé en morceaux.

4 - Poursuivre la cuisson 15 minutes à feu moyen en remuant
et ajouter de l'eau bouillante au fur et à mesure qu'elle est absorbée.

5 - Rectifier l'assaisonnement avant d'incorporer, hors du
feu, le beurre et le parmesan râpé. Mélanger rapidement.

6 - Laisser reposer 2 minutes couvert, puis servir
« all'onda », c'est-à-dire fluide, avec une cuillerée de ricotta,
les fenouils poêlés et un brin de vert des fenouils.

PRÉPARATION/15 MINUTES
CUISSON/40 MINUTES

POUR 6 PERSONNES

RISOTTO TALEGGIO
UNE RECETTE AUSSI AUX NOISETTES

LE KIT DE BASE
400 g de riz Carnaroli
ou Arborio
1 oignon
10 cl de vin blanc sec
1,5 l de bouillon de légumes
2 c. à s. d'huile d'olive
40 g de beurre froid
40 g de parmesan râpé
sel

LA GARNITURE
300 g de taleggio
100 g de noisettes
décortiquées
2 petits brins de romarin
(10 cm)

LES NOISETTES
1 - Faire griller les noisettes quelques minutes
à four chaud (180 °C) ou à la poêle.
2 - Enlever leur peau en les frottant avec
les mains puis les hacher grossièrement.

LE TALEGGIO
1 - Enlever la croûte du taleggio et le couper en petits dés.

LE RISOTTO
1 - Dans une casserole à fond épais, faire revenir l'oignon
finement haché dans l'huile d'olive 5 minutes à feu doux.
Verser le riz et mélanger à feu vif 2 minutes, sans le colorer.
2 - Mouiller avec le vin, laisser évaporer en remuant.
Saler et ajouter les brins de romarin. Verser au fur et à
mesure le bouillon chaud, en mélangeant souvent.
3 - Dès que le risotto est prêt (compter 16 à 18 minutes
environ), incorporer, hors du feu, le taleggio à l'aide
d'une cuillère puis rectifier l'assaisonnement.
4 - Ajouter le beurre, le parmesan et la moitié des noisettes.
Mélanger bien, couvrir et laisser reposer 2 minutes.
5 - Servir le risotto parsemé de noisettes grillées.

VARIANTE
Le taleggio est un fromage au lait de vache très
parfumé de Lombardie. En saison, on peut le
remplacer par du vacherin mont-d'or.

PRÉPARATION/15 MINUTES
CUISSON/20 MINUTES

POUR 6 PERSONNES

RISOTTO AU GORGONZOLA
UNE RECETTE AUSSI AUX POIRES

LE KIT DE BASE
450 g de riz Carnaroli
ou Arborio
1 oignon
1,5 l de bouillon de volaille
(ou de légumes)
10 cl de vin blanc sec
2 c. à s. d'huile d'olive
30 g de beurre froid
40 g de parmesan râpé
sel

LA GARNITURE
200 g de gorgonzola
3 poires
1 branche céleri
60 g de mascarpone

VARIANTE
Ajouter des fruits
secs comme des noix
ou des noisettes.

LES POIRES
1 - Couper 6 belles tranches de poires (pour décorer), puis
les poêler 1 minute de chaque côté avec une noix de beurre.
2 - Éplucher les poires restantes puis les couper en dés.

LE GORGONZOLA
1 - Ôter la croûte et couper le gorgonzola en petits morceaux.

LE RISOTTO
1 - Dans une casserole, faire cuire à feu doux l'oignon et le céleri
finement émincés, avec l'huile d'olive pendant 5 minutes.
2 - Verser le riz, le faire revenir à feu vif
jusqu'à ce qu'il devienne nacré.
3 - Mouiller avec le vin et laisser évaporer en remuant. Saler.
Ajouter une première louche de bouillon très chaud et poursuivre
la cuisson à feu moyen, en versant du bouillon au fur et à
mesure que le riz l'absorbe et en mélangeant souvent.
4 - Dès que le risotto est cuit (environ 18 minutes),
ajouter les morceaux de gorgonzola et les dés
de poires. Poivrer et mélanger bien.
5 - Hors du feu, « mantecare » : incorporer le
mascarpone et le parmesan, couvrir et laisser reposer
2 minutes. Servir avec la poire poêlée.

REMARQUE
Le gorgonzola est un fromage au lait de vache persillé,
originaire de Lombardie. Le choisir bien crémeux.

PRÉPARATION/20 MINUTES
CUISSON/25 MINUTES

POUR 6 PERSONNES

RISOTTO TOMATES ET BASILIC

LE KIT DE BASE

450 g de riz Carnaroli
ou Arborio
1 oignon
1,5 l de bouillon de volaille
(ou de légumes)
2 c. à s. d'huile d'olive
60 g de beurre froid
60 g de parmesan râpé
sel

LA GARNITURE

1 kg de tomates allongées
bien mûres
12 à 18 tomates cerises
1 bouquet de basilic
1 gousse d'ail
3 c. à s. d'huile d'olive
sel, poivre

CONSEIL

Si ce n'est pas la saison
des tomates, les remplacer
par des tomates en
conserve, et le basilic par
de la roquette ciselée ou du
romarin finement haché.

LES TOMATES ALLONGÉES

1 - Inciser la peau des tomates, les plonger dans l'eau
bouillante 1 minute puis les rafraîchir, enlever la
peau, les épépiner et les couper en morceaux.
2 - Les faire revenir à la poêle 2 minutes avec 2 cuillerées
à soupe d'huile d'olive et 1 gousse d'ail écrasée. Saler,
poivrer puis ajouter la moitié du basilic ciselé.

LES TOMATES CERISES

1 - Poêler 1 minute à feu vif les tomates cerises
avec 1 cuillerée à soupe d'huile d'olive.

LE RISOTTO

1 - Dans une casserole, faire revenir l'oignon haché à feu doux
dans 2 cuillerées à soupe d'huile d'olive pendant 5 minutes.
2 - Verser le riz et mélanger 2 minutes sur feu
vif, jusqu'à ce qu'il devienne nacré.
3 - Mouiller avec une louche de bouillon très chaud, puis ajouter
les tomates concassées. Mélanger bien avec une cuillère en bois.
Ajouter le bouillon chaud au fur et à mesure qu'il est absorbé.
4 - Au bout de 16 à 18 minutes, quand le riz est encore al dente,
éteindre le feu puis incorporer le beurre en morceaux, le parmesan
et le basilic ciselé. Laisser reposer 2 minutes avant de servir.
5 - Décorer avec les tomates cerises poêlées
et quelques feuilles de basilic.

PRÉPARATION/25 MINUTES
CUISSON/25 MINUTES

POUR 6 PERSONNES

RISOTTO AU MELON ET CITRON

LE KIT DE BASE
400 g de riz Carnaroli
ou Arborio
1 oignon doux
1,5 l de bouillon de viande
(ou de légumes)
3 c. à s. de marsala
(ou de porto)
2 c. à s. d'huile d'olive
50 g de beurre froid
50 g de parmesan râpé
sel

LA GARNITURE
1 melon mûr
de 1 kg environ
Le zeste râpé de 1 citron
non traité
20 g de beurre
Sel, poivre
½ oignon

VARIANTE
Remplacer le melon par
la pulpe de 2 mangues,
les incorporer crue aux
¾ de la cuisson du riz.

LE MELON
1 - Couper le melon en deux, puis enlever les pépins.
Avec une cuillère « parisienne », faire de petites boules
dans le melon et racler la pulpe restante. Réserver.
2 - Dans une poêle, faire chauffer 20 g de beurre et faire
revenir, à feu doux, ½ oignon finement haché. Ajouter les
petites boules de melon et les faire revenir 1 minute.

LE RISOTTO
1 - Dans une sauteuse, faire chauffer 2 cuillerées à soupe d'huile
d'olive, ajouter l'oignon et la pulpe restante du melon finement
hachés. Laisser cuire doucement pendant 5 minutes.
2 - Verser le riz et, avec une cuillère en bois, mélanger constamment
sur feu vif pendant 2 minutes jusqu'à ce qu'il devienne translucide.
3 - Mouiller avec le marsala, laisser évaporer, verser une
louche de bouillon chaud, remuer et saler. Ajouter du
bouillon progressivement dès qu'il est absorbé. Poursuivre
la cuisson à feu doux pendant 18 minutes environ.
4 - Hors du feu, rectifier l'assaisonnement, incorporer
les petites boules de melon, le zeste de citron finement
râpé, 50 g de beurre et le parmesan. Mélanger bien,
couvrir et laisser reposer 2 minutes avant de servir.

RECETTE EXPRESS
Pour une recette plus rapide, couper le melon en
petits dés et les ajouter directement dans le risotto
3 minutes avant la fin de la cuisson.

PRÉPARATION/20 MINUTES
CUISSON/25 MINUTES

POUR 6 PERSONNES

RISOTTO AUX FRAISES
UNE RECETTE TRADITIONNELLE DE LA VENETIE

LE KIT DE BASE
450 g de riz Vialone Nano
1 oignon
1,5 l de bouillon de légumes
ou de viande
10 cl de vin blanc sec
2 c. à s. d'huile d'olive
80 g de mascarpone
80 g de parmesan râpé
sel

LA GARNITURE
500 g de fraises bien
parfumées
20 g de beurre
sel, poivre

LES FRAISES
1 - Nettoyer les fraises, les couper en quartiers, sauf une
douzaine (les plus petites) pour la décoration.

LE RISOTTO
1 - Dans une casserole, faire fondre le beurre avec l'huile,
y faire cuire l'oignon à feu doux 5 minutes, sans le colorer.
2 - Verser le riz, remuer 2 minutes jusqu'à
ce qu'il prenne une couleur nacrée.
3 - Mouiller avec le vin, mélanger bien.
Dès qu'il s'est évaporé, ajouter du bouillon, au fur
et à mesure que le riz l'absorbe. Saler et poivrer.
4 - Goûter le riz au bout de 10 minutes de cuisson
et incorporer les fraises en quartiers.
5 - Dès que le riz est cuit (compter 16 minutes environ), ajouter,
hors du feu, le mascarpone et le parmesan râpé, couvrir 2 minutes
puis servir. Décorer avec les fraises restantes coupées en petits dés.

VARIANTE
On peut remplacer les fraises par des framboises ou des myrtilles.

PRÉPARATION/15 MINUTES
CUISSON/20 MINUTES

POUR 6 PERSONNES

RISOTTO AUX FILETS DE ROUGET

UNE RECETTE AUSSI AUX COURGETTES

LE KIT DE BASE
400 g de riz Carnaroli
ou Arborio
1 oignon
1,5 l de fumet de poisson
10 cl de vin blanc sec
2 c. à s. d'huile d'olive
60 g de beurre
30 g de parmesan râpé
sel

LA GARNITURE
500 g de petites courgettes
6 petits rougets
(1 kg environ) ou 12 petits
filets de rouget
3 ou 4 branches de thym
3 c. à s. d'huile d'olive
sel, poivre

ASTUCE
On peut utiliser des
filets de rouget congelés
à faire décongeler
avant de les poêler.

LES ROUGETS
1 - Demander à votre poissonnier de lever les filets des
rougets et garder les têtes et les arêtes pour préparer le fumet.
Retirer les arêtes des rougets avec une petite pince.
2 - Dans une poêle antiadhésive bien chaude, faire cuire
les rougets côté peau 1 minute à feu vif dans 1 cuillerée
à soupe d'huile d'olive. Les maintenir au chaud.

LES COURGETTES
1 - Couper les courgettes en petits dés.
2 - Les poêler 3 minutes avec 2 cuillerées à soupe d'huile d'olive,
la gousse d'ail entière et le thym. Saler. Ôter l'ail et réserver.

LE RISOTTO
1 - Dans une casserole, faire revenir l'oignon haché
avec 2 cuillerées à soupe d'huile d'olive.
2 - Verser le riz, mélanger 2 minutes jusqu'à
ce qu'il devienne translucide.
3 - Mouiller avec le vin et laisser évaporer en remuant.
Continuer la cuisson en ajoutant du fumet chaud au fur
et à mesure que le riz l'absorbe et mélanger souvent.
4 - Au bout de 10 minutes, incorporer les courgettes poêlées.
5 - Dès que le risotto est cuit (compter 18 minutes environ), éteindre
le feu et « mantecare » : ajouter le beurre froid et le parmesan,
mélanger, puis laisser reposer à couvert pendant 2 minutes.
6 - Servir sur des assiettes chaudes avec 2 filets de rouget.

PRÉPARATION/30 MINUTES
CUISSON/30 MINUTES

POUR 6 PERSONNES

RISOTTO GAMBAS ET CÈPES
UNE VRAIE GOURMANDISE !

LE KIT DE BASE
450 g de riz Carnaroli
ou Arborio
1 oignon
1,5 l de fumet de gambas
10 cl de vin blanc sec
2 c. à s. d'huile d'olive
30 g de beurre
30 g de parmesan râpé
sel

LE FUMET DE GAMBAS
têtes et carapaces
des gambas, 1 oignon,
1 poireau, 1 bouquet garni
ou persil, 2 c. à s. d'huile
d'olive, 2 l d'eau, sel, grains
de poivre

LA GARNITURE
1 kg de cèpes frais
18 à 24 gambas crues
(fraîches ou décongelées)
1 gousse d'ail
3 c. à s. d'huile d'olive

LES GAMBAS
1 - Décortiquer les gambas et enlever les têtes pour en faire
un fumet. Couper la moitié des gambas en 2 ou 3 morceaux.
2 - Les poêler 1 minute avec 1 cuillerée à soupe d'huile d'olive,
saler. Poêler les gambas entières juste avant de servir le risotto.

LES CÈPES
1 - Nettoyer les cèpes à l'aide d'un papier absorbant
humide et les découper en tranches de 0,5 cm.
2 - Les poêler rapidement (en plusieurs fois si besoin)
avec 2 cuillerées à soupe d'huile d'olive et la gousse
d'ail épluchée. Saler. Réserver au chaud.

LE RISOTTO
1 - Dans une casserole, faire revenir l'oignon haché 5 minutes
à feu doux dans 2 cuillerées à soupe d'huile d'olive.
2 - Ajouter le riz et mélanger à feu vif pendant 2 minutes.
3 - Mouiller avec le vin, laisser évaporer, puis ajouter
une louche de fumet frémissant. Mélanger bien
puis incorporer les trois-quarts des cèpes.
4 - Poursuivre la cuisson à feu moyen en remuant et ajouter
du bouillon au fur et à mesure qu'il est absorbé.
5 - Au bout de 10 minutes de cuisson, ajouter les morceaux
de gambas cuits. Rectifier l'assaisonnement.
6 - Hors du feu, incorporer le beurre et le parmesan râpé,
mélanger rapidement. Laisser reposer 2 minutes à couvert.
7 - Servir avec les cèpes restants et les gambas entières poêlées.

PRÉPARATION/40 MINUTES
CUISSON/35 MINUTES

POUR 6 PERSONNES

RISOTTO AUX LANGOUSTINES
UNE RECETTE AUSSI AU CITRON

LE KIT DE BASE
400 g de riz Carnaroli
1 oignon
1,5 l de fumet de
langoustines
10 cl de vin blanc sec
2 c. à s. d'huile d'olive
60 g de beurre
30 g de parmesan râpé
sel

**LE FUMET DE
LANGOUSTINES**
les carapaces et les têtes
de langoustines, 1 carotte,
1 oignon, 1 branche de
céleri, 2 c. à s. d'huile
d'olive, 2-3 branches de
persil, de basilic et de thym,
2 l d'eau, 10 cl de vin blanc
sec, sel, poivre en grains

LA GARNITURE
18 à 24 langoustines
le zeste râpé d'un citron
2 c. à s. d'huile d'olive
sel, poivre

LE FUMET DE LANGOUSTINES
1 - Décortiquer les langoustines. Garder les queues de côté.
2 - Faire revenir, à feu vif, les têtes et les carapaces écrasées
avec l'huile, les herbes et les légumes coupés en dés.
3 - Mouiller avec le vin, ajouter 2 litres d'eau et quelques
grains de poivre. Écumer souvent, dès l'ébullition, et
laisser frémir pendant 30 minutes. Filtrer, puis saler.

LES LANGOUSTINES
1 - Poêler les queues de langoustines avec 2 cuillerées
à soupe d'huile d'olive pendant 1 minute. Saler et poivrer.

LE RISOTTO
1 - Dans une casserole, faire revenir, à feu doux, l'oignon avec
2 cuillerées à soupe d'huile d'olive pendant 5 minutes.
2 - Verser le riz et mélanger 2 minutes sur feu vif.
3 - Mouiller avec le vin, laisser évaporer en remuant. Ajouter
le fumet bouillant au fur et à mesure que le riz l'absorbe. Saler.
4 - Ajouter le zeste de citron râpé.
5 - Terminer la cuisson du riz (compter 18 minutes
environ) et « mantecare » : hors du feu, incorporer le
beurre, la moitié des langoustines coupées en morceaux
et le parmesan. Couvrir et laisser reposer 2 minutes.
6 - Décorer avec le reste des langoustines entières et servir.

PRÉPARATION/45 MINUTES
CUISSON/50 MINUTES

POUR 6 PERSONNES

RISOTTO NOIR AUX ENCORNETS

LE KIT DE BASE
450 g de riz Vialone Nano
1 oignon
1,5 l de bouillon de légumes
(ou fumet de poisson,
voir page 7)
10 cl de vin blanc sec
2 c. à s. d'huile d'olive
30 g de beurre
20 g de parmesan râpé
sel

LA GARNITURE
600 g d'encornets
(petits calamars)
50 g environ de noir de
seiche (12 petits sachets
chez le poissonnier)
10 cl de vin blanc sec
4 c. à s. d'huile d'olive
sel

LES ENCORNETS
1 - Nettoyer les encornets : arracher la tête, les vider avec
l'index et retirer la membrane violette qui les entoure. Garder
les tentacules, éliminer le bec et les yeux à l'aide des ciseaux.
Les rincer sous l'eau et les égoutter sur du papier absorbant.
2 - Découper la moitié des encornets en anneaux.
3 - Dans une poêle, faire chauffer 2 cuillerées à soupe d'huile
avec la gousse d'ail et y faire dorer les anneaux de calamars à feu
vif. Verser 10 cl de vin blanc, laisser évaporer. Saler. Réserver.

LE RISOTTO
1 - Dans une casserole, faire cuire à feu doux l'oignon haché
menu dans 2 cuillerées à soupe d'huile. Ajouter ensuite
le riz et le mélanger à feu vif pendant 2 minutes.
2 - Mouiller avec le reste de vin, laisser évaporer, puis
verser une louche de bouillon frémissant. Mélanger
bien et incorporer les anneaux de calamars.
3 - Poursuivre la cuisson à feu moyen en remuant
et ajouter du bouillon au fur et à mesure qu'il est absorbé.
5 - Après 10 minutes de cuisson, ajouter le noir de
seiches dilué dans un peu de bouillon chaud.
6 - Dans une poêle, faire chauffer 2 cuillerées à
soupe d'huile, faire dorer rapidement à feu vif les
encornets entiers et les tentacules. Saler.
7 - Quand le risotto est cuit (compter 16 minutes environ), ajouter,
hors du feu, le beurre et le parmesan râpé, mélanger. Laisser reposer
2 minutes couvert. Servir le risotto avec les encornets poêlés dessus.

PRÉPARATION/15 MINUTES
CUISSON/35 MINUTES

POUR 6 PERSONNES

RISOTTO AUX FRUITS DE MER
UNE MERVEILLE!

LE KIT DE BASE
450 g de riz Vialone Nano
1 oignon
1 gousse d'ail
1 l de fumet de poisson
10 cl de vin blanc sec
2 c. à s. d'huile d'olive
50 g de beurre
30 g de parmesan râpé
sel

LA GARNITURE
1 kg de moules
500 g de palourdes,
de coques et de praires
500 g de gambas crues
fraîches ou congelées
1/2 botte de persil haché
1 gousse d'ail
10 cl de vin blanc sec
20 g de beurre

VARIANTE
Utiliser d'autres variétés
de fruits de mer selon
l'arrivage et la saison.

LES MOULES ET LES COQUILLAGES
1 - Bien nettoyer les moules et les coquillages à l'eau courante.
2 - Les mettre (en 2 fois) dans une grande casserole à feu vif
avec 10 cl de vin 1 gousse d'ail et quelques brins de persil,
pour qu'ils s'ouvrent. Les décortiquer (sauf une vingtaine
pour décorer) et les garder dans un peu de jus de cuisson
filtrée. Ajouter le jus restant au fumet de poisson.

LES GAMBAS
1 - Décortiquer les gambas. Piler les carcasses pour
préparer un fumet avec 1,5 litre d'eau.
2 - Dans une poêle, faire revenir 1 minute les gambas
à feu vif avec 20 g de beurre. Saler et poivrer.

LE RISOTTO
1 - Dans une casserole à fond épais, faire revenir l'oignon et 1 gousse
d'ail finement hachés dans l'huile d'olive 5 minutes, à feu doux.
Verser le riz et mélanger à feu vif pendant 2 minutes, sans le colorer.
2 - Mouiller avec le vin, puis laisser évaporer tout en remuant. Saler.
Ajouter le fumet chaud au fur et à mesure, mélanger souvent.
3 - Dès que le risotto est presque prêt, ajouter les fruits
de mer et les gambas. Rectifier l'assaisonnement si besoin.
4 - Hors du feu, « mantecare »: incorporer 1 cuillerée
à soupe de persil haché, 50 g de beurre et le parmesan.
Couvrir et laisser reposer 2 minutes.
5 - Servir « all'onda »: bien fluide, et décorer
avec les coquillages restants.

PRÉPARATION/1 HEURE
CUISSON/50 MINUTES

POUR 6 PERSONNES

RISOTTO CROQUANT
UNE RECETTE AUX SAINT-JACQUES ET AU SAFRAN

LE KIT DE BASE
400 g de riz Carnaroli
1 oignon
1,5 l de bouillon
de légumes
10 cl de vin blanc sec
2 c. à s. d'huile d'olive
60 g de parmesan râpé
sel, poivre

LA GARNITURE
12 coquilles Saint-Jacques
(ou plus)
20 g de beurre
2 c. à s. d'huile d'olive
sel, poivre

POUR LA SAUCE
20 g de farine
40 g de beurre
20 cl de crème liquide
3 pincées de pistils de safran
ou 2 doses de safran
en poudre
40 cl de bouillon de légumes

LA SAUCE
1 - Laisser infuser le safran dans 10 cl de bouillon.
2 - Dans une casserole, faire fondre le beurre, verser la farine
et mélanger. Faire revenir 2 minutes, puis incorporer
le bouillon chaud et la crème liquide.
3 - Ajouter le safran et faire cuire à feu doux 20 minutes.
Laisser refroidir : la sauce doit être assez épaisse.

LE RISOTTO
1 - Préparer un risotto comme indiqué dans la recette de base.
2 - Faire cuire le riz pendant 14 minutes :
on doit obtenir un risotto très compact.
3 - Hors du feu, incorporer 6 cuillerées à soupe de sauce au
safran et le parmesan. Étaler le risotto sur du papier sulfurisé,
posé sur un plateau et laisser refroidir. Presser le riz refroidi
dans 6 à 8 ramequins et laisser au frais pendant 2 heures.
5 - Dorer les galettes dans une poêle avec un filet d'huile
d'olive (ou au four à 200 °C sur du papier sulfurisé) des
deux côtés jusqu'à ce qu'elles soient croquantes.

LES NOIX DE SAINT-JACQUES
1 - Faire revenir les Saint-Jacques coupées
en deux avec un peu d'huile d'olive et une noix
de beurre pendant 1 minute. Saler et poivrer.
2 - Servir les galettes de risotto dans une assiette creuse avec
les rondelles de Saint-Jacques, sur la sauce chaude.

PRÉPARATION/40 MINUTES
CUISSON/50 MINUTES/REPOS / 2 HEURES

POUR 6 À 8 PERSONNES

RISOTTO À L'ANGUILLE FUMÉE

UNE RECETTE AUSSI AU THE FUME

LE KIT DE BASE

450 g de riz Carnaroli

1 gros oignon

1,5 l d'eau

8 cuillerées à soupe de thé fumé (Tarry Souchong ou Lapsang Souchong)

2 c. à s. d'huile d'olive

30 g de beurre

20 g de parmesan râpé

sel

LA GARNITURE

150 à 200 g de filet d'anguille fumés prêts à l'emploi

4 c. à s. de sauce soja

1 c. à c. de miel liquide

REMARQUE

L'anguille fumée est vendue sous vide au rayon frais des épiceries fines ou des supermarchés.

LE THÉ

1 - Porter à ébullition l'eau et laisser infuser le thé fumé 5 minutes.

2 - Saler avec 2 cuillerées à soupe de gros sel et garder au chaud, sans faire bouillir.

L'ANGUILLE FUMÉE

1 - Couper les filets d'anguille en lanières.

LE RISOTTO

1 - Dans une casserole, faire revenir l'oignon haché 5 minutes à feu doux dans l'huile d'olive. Ajouter ensuite le riz et le mélanger à feu vif pendant 2 minutes.

2 - Mouiller avec une louche de thé, saler le riz et mélanger. Poursuivre la cuisson environ 15 minutes à feu moyen en remuant et ajouter du thé bouillant au fur et à mesure qu'il est absorbé.

3 - Rectifier l'assaisonnement avant d'incorporer, hors du feu, la moitié des filets d'anguille, le beurre et le parmesan râpé. Mélanger rapidement. Couvrir et laisser reposer 2 minutes.

4 - Entre temps, dans une poêle, faire chauffer la sauce soja avec le miel et dès qu'elle devient sirupeuse, ajouter l'anguille et la faire sauter 30 secondes.

5 - Servir chaud avec des lanières d'anguille à la sauce soja.

RISOTTO AU POULET ET LÉGUMES

LE KIT DE BASE

400 g de riz Vialone Nano

1,5 l de bouillon de légumes

10 cl de vin blanc sec

2 c. à s. d'huile d'olive

40 g de beurre

60 g de parmesan râpé

sel

LA GARNITURE

4 cuisses de poulet

2 oignons moyens

2 carottes moyennes

2 branches de céleri

quelques feuilles de sauge
ou de romarin

LE POULET

1 - Retirer la peau des cuisses de poulet, puis les faire pocher dans
le bouillon de légumes pendant 15 minutes. Les laisser refroidir.

2 - Détacher la chair de l'os du poulet
et faire de petits morceaux. Réserver.

LES LÉGUMES

1 - Hacher finement les oignons, les carottes,
le céleri et les feuilles de sauge.

2 - Dans une casserole, faire revenir, le tout
5 minutes à feu doux dans l'huile d'olive.

LE RISOTTO

1 - Ajouter le riz aux légumes et mélanger
à feu vif pendant 2 minutes.

2 - Mouiller avec le vin, laisser évaporer, ajouter une louche
de bouillon frémissant, mélanger bien, puis incorporer le poulet.

3 - Poursuivre la cuisson 15 minutes à feu moyen en remuant
et ajouter du bouillon au fur et à mesure qu'il est absorbé.

4 - Rectifier l'assaisonnement avant d'incorporer, hors du
feu, le beurre et le parmesan râpé. Mélanger rapidement.

5 - Laisser reposer 2 minutes couvert, puis
servir « all'onda » c'est-à-dire fluide.

PRÉPARATION/30 MINUTES
CUISSON/40 MINUTES

POUR 6 PERSONNES

ARANCINI
COMME EN SICILE

LE KIT DE BASE

200 g de riz Arborio
1 oignon moyen
1 pincée de safran en poudre
50 cl de bouillon de légumes
50 g de parmesan râpé
sel

LA GARNITURE

250 g de ragù
100 g de mozzarella en dés
200 g de chapelure
50 g de farine
huile pour friture

RAGÙ (SAUCE AU BŒUF)

300 g de viande de bœuf
hachée (pas trop maigre)
20 g d'oignon
20 g de carotte
20 g de céleri
60 g de petits pois
200 g de tomates concassées
1 bouquet garni
3 cl de vin rouge
20 g de beurre
sel

LE RAGÙ

1 - Préparer le ragù la veille. Dans une casserole, faire revenir les légumes hachés avec 1 cuillerée à soupe d'huile d'olive. Ajouter la viande hachée et la faire rissoler jusqu'à ce qu'elle accroche à la casserole. Saler. Verser le vin et laisser évaporer. Ajouter les tomates concassées et mélanger. Couvrir et cuire à feu doux.
2 - Après 30 minutes de cuisson, ajouter les petits pois et poursuivre la cuisson encore 30 minutes (jusqu'à obtenir un ragù compact). Hors du feu, incorporer le beurre.

LE RISOTTO

1 - Préparer un risotto comme indiqué dans la recette de base.
2 - Ajouter le safran et 30 g de ragù mixé. Saler. Cuire pendant 14 minutes. Il faut obtenir un risotto très compact. Laisser tiédir.

LES ARANCINI

1 - Étaler le risotto sur une plaque. Les mains mouillées, prendre une poignée de risotto et la poser dans la paume d'une main. Avec le pouce de l'autre main, former un trou et le remplir d'un peu de ragù (30 g) et d'un morceau de mozzarella. Fermer le trou et façonner une boule. Laisser reposer au réfrigérateur pendant 2 heures.
2 - Diluer la farine dans 10 cl d'eau et, au fur et à mesure, voiler les boules de riz avec ce mélange puis les rouler dans la chapelure.
3 - Faire chauffer l'huile à 180 °C, dans une casserole étroite. Frire un ou deux arancini à la fois (ils ne doivent pas toucher le fond de la casserole), jusqu'à ce qu'ils dorent. Les égoutter sur du papier absorbant et déguster chaud.

RISOTTO À LA SAUCISSE
UNE RECETTE AUSSI AUX POIREAUX

LE KIT DE BASE
450 g de riz Carnaroli
ou Vialone Nano
1 oignon
1,5 l de bouillon de légumes
10 cl de vin blanc sec
2 c. à s. d'huile d'olive
30 g de beurre
60 g de parmesan râpé
sel

LA GARNITURE
300 g de saucisse fraîche
de bonne qualité
3 poireaux
2 c. à s. d'huile d'olive
sel, poivre

LES POIREAUX
1 - Nettoyer les poireaux et les couper en rondelles.
2 - Les faire revenir dans une poêle à feu vif avec l'huile,
en remuant : ils doivent rester croquants. Saler.

LES SAUCISSES
1 - Enlever le boyau des saucisses.
2 - Les poêler rapidement en les émiettant
avec une fourchette. Jeter la graisse.

LE RISOTTO
1 - Dans une casserole, faire cuire à feu doux l'oignon haché
menu dans 2 cuillerées à soupe d'huile. Ajouter ensuite
le riz et le mélanger à feu vif pendant 2 minutes.
2 - Mouiller avec le vin, laisser évaporer puis verser une
louche de bouillon frémissant. Mélanger bien et incorporer
la moitié des poireaux poêlés et la chair des saucisses.
3 - Poursuivre la cuisson à feu moyen en remuant et ajouter
du bouillon au fur et à mesure qu'il est absorbé.
4 - Quand le risotto est cuit (compter environ 16 à 18 minutes),
ajouter, hors du feu, le beurre et le parmesan râpé. Mélanger
rapidement. Laisser reposer 2 minutes couvert.
5 - Servir le risotto avec les poireaux croquants.

PRÉPARATION/30 MINUTES
CUISSON/30 MINUTES

POUR 6 PERSONNES

RISOTTO AUX FOIES DE POULET

UNE RECETTE AUSSI AUX OIGNONS ROUGES

LE KIT DE BASE

400 g de riz Carnaroli

3 oignons rouges (250 g)

1,5 l de bouillon de volaille

15 cl de marsala

(ou de vin doux)

2 c. à s. d'huile d'olive

50 g de beurre

80 g de parmesan râpé

sel

LA GARNITURE

6 foies de poulet nettoyés

4 à 5 brins de thym

ou feuilles de sauge

1 c. à s. d'huile d'olive

20 g de beurre

sel, poivre

LES FOIES DE POULET

1 - Couper les foies de poulet en gros morceaux.

2 - Les poêler rapidement (pour qu'ils ne durcissent pas, ils doivent rester rosés à l'intérieur) avec 1 cuillerée à soupe d'huile d'olive et 20 g de beurre. Mouiller avec le marsala, laisser évaporer, saler et poivrer. Réserver.

LE RISOTTO

1 - Éplucher les oignons et les couper en fines rondelles. Les faire revenir à feu doux dans une casserole à fond épais avec 2 cuillerées à soupe d'huile d'olive et le thym pendant 5 minutes. Garder un peu d'oignons poêlés pour décorer l'assiette.

2 - Verser le riz et mélanger 2 minutes, jusqu'à ce qu'il devienne nacré. Mouiller avec le bouillon chaud au fur et à mesure que le riz l'absorbe, en remuant souvent.

3 - Au bout de 10 minutes de cuisson, incorporer les foies de poulet. Rectifier l'assaisonnement.

4 - Dès que le risotto est cuit (compter 18 minutes environ), incorporer, hors du feu, 50 g de beurre puis le parmesan, couvrir et laisser reposer 2 minutes avant de servir.

5 - Décorer avec les rondelles d'oignons.

NOTE

En Vénétie, le risotto aux foies de poulet inclut souvent les abats, sautés au beurre, que l'on ajoute en même temps que le riz.

PRÉPARATION/20 MINUTES

CUISSON/30 MINUTES

POUR 6 PERSONNES

MERCI À

À Marie-Pierre Morel, pour avoir mis à disposition son atelier et les assiettes de Christiane Perrochon.
À Stéphanie Huré pour son shopping et les conseils déco.
À Ariadne Elisseeff pour son aide précieuse.

SHOPPING

SERAFINO ZANI
WWW. SERAFINOZANI. IT

DRIADE AU BON MARCHÉ
www.lebonmarche.fr

CHRISTIANE PERROCHON
www.christianeperrochon.com

LOUISELIO CÉRAMIQUE

CONRAN SHOP
WWW. CONRANSHOP. FR

PIERRE FREY
www.pierrefrey.com

ALEXANDRE TURPAULT
www.alexandre-turpault.com

L'ÉCLAT DE VERRE
www.eclatdeverre.com

HABITAT
www.habitat.fr

MONOPRIX
www.monoprix.fr

IKEA
www.ikea.com/fr

QUALITALIA
Épicerie italienne (vente par correspondance)
www.qualitalia.fr

PARFUMS DE TABLE
infusion Rivières pourpres
www.parfumsdetable.fr

© Marabout 2004
Dépôt légal : février 2012
ISBN : 978-2-501-06003-5
40.1763.8/04
Imprimé en Espagne par Graficas Estella

TENUTA CASTELLO
SEDE E STABILIMENTO IN DESANA (VC)

RISO SUPERFINO CARNAROLI

INGREDIENTI: RISO CARNAROLI GARANTITO 100%

MONDATO A MANO
SENZA USO DI DISERBANTI

Produzione limitata

PESO NETTO / NET WEIGHT
POIDS NET / NETTO GEWICHT   1 kg ℮

DA CONSUMARSI PREFERIBILMENTE ENTRO IL (vedi retro etichet...

TENUTA CASTELLO
SEDE E STABILIMENTO IN DESANA (VC)

RISO SEMIFINO VIALONE NANO

INGREDIENTI: RISO VIALONE NANO GARANTITO 100%

Produzione limitata

PESO NETTO / NET WEIGHT
POIDS NET / NETTO GEWICHT   1 kg

DA CONSUMARSI PREFERIBILMENTE ENTRO IL (vedi retro etiche...